Grundkurs Filzen
Von der Faser zum Objekt

Caroline Benhöfer-Buhr

Grundkurs Filzen

Von der Faser zum Objekt

Inhalt

6	Vorwort
8	Materialien
10	Hilfsmittel
10	Nachbessern und Nachfilzen
11	Reinigen und Pflegen

Bälle filzen

12	Kleine Bälle mit Unterball
14	Große Vollwollbälle
16	Vollwollball mit Geräusch und Schleuderschnur
18	Vollwollball mit Zipfeln
20	Kleine Kugeln zur Weiterverarbeitung

Schnüre filzen

22	Einfarbige Schnur
23	Effektvolle Haarsträhnen
24	Zweifarbige Schnur
26	Schwarz-weiße Schnur
28	Zipfel zur Weiterverarbeitung

Filzen mit der Rolltechnik

30	Tischset mit Sternen
32	Reizvolle Blüten
34	Schal aus Wolle und Seide

Arbeiten mit Schablonen

36	Schablonen zum Umfilzen
37	Dekorative Eierwärmer
40	Lustige Wichtel
42	Modische Armstulpen
46	Wärmendes Kissen
50	Aparte Tasche
52	Schicke Mütze mit Zipfel
54	Filzschuhe
58	Galerie Filzobjekte
62	Schablonenvorlagen

Vorwort

Wenn Sie Freude an natürlichen Materialien haben, ist Filzen genau das Richtige für Sie – für diese Technik wird Schafwolle verwendet, ein nachwachsender Rohstoff, der leicht erhältlich und gut zu verarbeiten ist.

Das Filzen, eine der ältesten textilen Arbeitsweisen, ist heute wieder groß in Mode – und das zu Recht. Beim Betrachten des Buches werden Sie feststellen, dass sich mit der Technik wunderschöne und brauchbare Objekte in vielen leuchtenden Farben herstellen lassen, von Dekorationsgegenständen für die Wohnung über modische Accessoires bis hin zu Kleidungsstücken. Alles, was Sie dazu benötigen, ist Wolle, warmes Wasser, ein Stück Seife und ein Handtuch. Mit nur geringem Aufwand und ein wenig Geduld können auch Sie eine Meisterin oder ein Meister im Filzen werden!

In einer Welt des Konsums ist bei vielen Menschen die Fähigkeit, Dinge selbst zu fertigen, in den Hintergrund geraten. Doch im Grunde ist unser Wunsch, etwas mit unseren eigenen Händen auszuprobieren, unsere Geschicklichkeit anzuwenden, Erfahrungen zu sammeln und damit Erfolg zu haben, noch immer tief in uns verankert. Werden Sie also aktiv und kreativ und lassen Sie sich anstecken von der Freude am Arbeiten mit Wolle. Sie werden sehen, wie viel Vergnügen es macht, den Anleitungen dieses Buches zu folgen und sich auf das Erlebnis Filzen einzulassen!

Viel Spaß wünscht Ihnen

Caroline Benhöfer-Buhr

Materialien

Wolle

Filzen ist heute, nach vielen Jahrhunderten, wieder aktuell. Da zum Einfärben neue Techniken angewandt werden, stehen zum Filzen viele schöne und leuchtende Farben zur Verfügung. Früher wurde die Struktur der Wolle durch das Färben so verändert, dass diese sich nicht mehr filzen ließ. Daher gab es filzende Wolle nur in Grau- und Brauntönen.

Merinowolle

Alpenwolle

Bergschafwolle

Zum Filzen gut geeignete Wollen

Merinowolle (Wolle vom Merinoschaf)
Diese Wolle ist sehr weich und kratzt nicht auf der Haut, ist also gut geeignet für Dinge, die am Körper getragen werden. Merinowolle wird als Kammzug und Vlies angeboten, beides in einer großen Farbpalette.

Alpenwolle (Wolle vom Alpenschaf)
Diese Wolle kratzt bei empfindlichen Menschen ein wenig auf der Haut. Sie empfiehlt sich für Alltagsgegenstände, z. B. Bälle, Eierwärmer und Tischsets. Alpenwolle ist in vielen Farben als Kardenband, Kammzug und Vlies erhältlich, alles in einer großen Farbpalette.

Bergschafwolle (Wolle vom Bergschaf)
Diese Wolle ist sehr gut geeignet für Objekte, die robust sein müssen, z. B. Schuhe, Kissen, Taschen oder Teppiche. Sie wird als Kardenband und Vlies in Naturweiß und Grautönen angeboten, manchmal auch eingefärbt.

Gotlandwolle (Wolle vom Gotlandschaf)
Diese Wolle ist weich und empfiehlt sich für Alltagsgegenstände. Sie ist als Vlies in Grautönen erhältlich.

Zum Filzen nur bedingt geeignete Wollen

Milchschafwolle (Wolle vom heimischen Schaf)
Diese Wolle eignet sich gut zum Füllen von Kissen oder für den Wollkern von Filzbällen. Sie wird im Wollfachhandel in Naturweiß und Braun, grob gewaschen oder gekämmt angeboten und ist auch direkt beim Schäfer erhältlich.

Heidschnuckenwolle (Wolle von der Heidschnucke)
Diese Wolle ist zum Filzen nicht geeignet, da sie einen großen Glatthaaranteil hat. Auch die kurze Unterwolle filzt nur wenig, kann aber zum Verfilzen mit anderen Wollen verwendet werden. Heidschnuckenwolle wird im Handel in Naturweiß und Braun, grob gewaschen oder gekämmt angeboten und ist auch direkt beim Schäfer erhältlich.

Außer den hier genannten werden noch weitere zum Filzen geeignete Wollsorten im Handel angeboten.

Materialien

Kardenband

Ein Kardenband ist zu einem langen Band verkämmte Wolle. Meistens ist das Band zu einem Knäuel von 1 kg gewickelt. Um mit dem Filzen zu beginnen, empfiehlt sich ein Kardenband von ca. 4 m Länge und 5 cm Breite (100 g).

Kammzug

Die Wolle im Kammzug ist ebenfalls zu einem langen Band verkämmt, sie ist jedoch sehr viel feiner als im Kardenband. Im Gegensatz zu diesem weist ein Kammzug keine Knötchen oder Kurzhaaranteile mehr auf. Die feine Wolle eignet sich sehr gut zur Schmuckherstellung oder zur Farbnuancierung bei mehrfarbigen Filzobjekten. Auch hiervon sind 100 g (ca. 4 m lang und 5 cm breit) als Anfangsmenge ausreichend.

Vlies

Als Vlies wird Wolle bezeichnet, die zu einer gleichmäßigen Fläche verkämmt ist. Der Vorteil von Vlies ist, dass die Wolle schon kreuz und quer liegt und das Vlies gleich verfilzt werden kann. Es ist sehr gut zum Filzen größerer Gegenstände geeignet. Vliese werden ab einer Menge von 500 g angeboten; dies ist für erste Filzversuche ausreichend.

Handhabung der Wolle

Wolle trennen

Abtrennen der Wolle vom Kardenband, Kammzug oder Vlies in der gewünschten Länge; beim Abtrennen eines Wollstücks vom Kardenband umfassen Sie die Wolle mit beiden Händen im Abstand von ca. 30 cm.

Wolle teilen

Teilen von Vlies-, Kardenband- oder Kammzugwolle in der gewünschten Dicke bzw. Breite.

Wolle zupfen

Zupfen von Wollfasern aus der Vlies- oder Kammzugwolle.

Wolle trennen

Wolle teilen

Wolle zupfen

Kammzug

Vlies

Hilfsmittel

Die Filznadel

Eine Filznadel ist ca. 10 cm lang und sehr spitz. An ihrem Ende befinden sich nach unten gerichtete Widerhaken. Wird mit der Nadel in die Wolle eingestochen, ziehen sich die Wollfasern zusammen und verbinden sich dabei miteinander. Stechen Sie mit der Nadel immer senkrecht ein, da sie sonst sehr leicht abbricht.

Weitere Arbeitsutensilien

Bevor Sie mit dem Filzen beginnen, legen Sie sich folgende Dinge zurecht: Bergschaf- oder Alpenwollvlies, die gewünschte farbige Wolle (Kardenband oder Kammzug), ein Maßband, eine Schere, eine Filznadel, zwei alte Frottee- oder Küchenhandtücher aus Baumwolle, ein Stück Seife, Essig, eine mittelgroße Kunststoffschüssel (ca. 1,5 l Fassungsvermögen). Zum Walken von Schnüren und zum Arbeiten mit Schablonen brauchen Sie außerdem ein Waschbrett, Sie können aber auch eine profilierte Gummimatte oder ein Bambusrollo verwenden.

Die Handtücher sollten stets griffbereit liegen. Eines benötigen Sie, um sich während des Filzens die Hände abzutrocknen oder die Seife abzustreifen. Mit dem anderen wird das Restwasser aus fertig gefilzten Objekten ausgedrückt.

Olivenseife eignet sich sehr gut zum Filzen, weil sie die Haut nicht austrocknet. Alternativ kann auch Kernseife verwendet werden, einfache Handwaschseife hingegen trocknet die Haut aus und sollte daher nur selten benutzt werden.

Füllen Sie die Schüssel vor Arbeitsbeginn mit ca. 37° C warmem Wasser. Dieses sollte während des Filzens immer die gleiche Temperatur haben, ersetzen Sie daher abgekühltes Wasser durch entsprechend erwärmtes. Beim Filzen mit der Rolltechnik benötigen Sie zusätzlich eine Sprühflasche mit ca. 37° C warmem Seifenwasser und ein Rundholz.

Zum Neutralisieren der Seifenreste im gefilzten Objekt wird zum Schluss ein wenig Essig in das Spülwasser gegeben (ca. 1 Esslöffel auf 1,5 l Wasser). Das Spülen mit Essigwasser schont die Wolle und lässt die Farben schöner strahlen.

Die hier beschriebenen Utensilien können auch auf der Terrasse, dem Balkon oder im Garten zum Einsatz kommen, denn bei schönem Wetter macht Filzen auch im Freien Spaß.

Nachbessern und Nachfilzen

Um Muster oder dünne Stellen zu korrigieren, kann am Anfang des Filzvorgangs zusätzlich Wolle aufgelegt werden. Je mehr sich die Wollfasern miteinander verfilzt haben, desto schwieriger lässt sich zusätzliche Wolle mit einfilzen.

Weist ein gefilztes Objekt nach dem Entfernen der Schablone Stellen mit wenig Wolle oder Löcher auf, können Sie von

Reinigen und Pflegen

innen oder außen zusätzlich Wolle mit der Filznadel befestigen. Legen Sie dazu ein Stück Schaumstoff oder ein Handtuch unter die zu bearbeitende Stelle. Die fixierte Wolle verbindet sich beim Walken noch mit den bereits verfilzten Fasern.

Muster, die sich nicht ausreichend mit dem Untergrund verfilzt haben, können in nassem Zustand mit der Filznadel nachgefilzt werden.

Reinigen und Pflegen

Filz kann vorsichtig mit warmem Wasser und Seife gewaschen werden. Anschließend muss die Seife ausgespült und der Filz in Form gezogen werden. Dann das Objekt trocknen lassen. Filzbälle können problemlos bei 40° C in der Waschmaschine gewaschen werden.

Staub auf Filzobjekten lässt sich gut mit dem Staubsauger entfernen.
Wollhaare oder Knötchen auf der Filzoberfläche können mit einer Kinder- oder Nagelschere abgeschnitten werden. Ein Fusselrasierer erfüllt den gleichen Zweck.

Bälle filzen

Kleine Bälle mit Unterball

Haben Sie bislang noch nicht gefilzt, dann beginnen Sie am besten mit einfachen und dennoch schmucken Objekten wie kleinen handlichen Bällen. Für einen Ball brauchen Sie einen Unterball, z. B. ein gewickeltes Wollknäuel aus Wollresten oder einen Tennisball, ca. 10 g Bergschaf- oder Alpenwollvlies in Naturweiß und jeweils ca. 10 cm Kardenband/Kammzug in Dunkelblau und Türkis.

1. Als Erstes wickeln Sie eine dünne Schicht Bergschaf- oder Alpenwollvlies um den Unterball.

2. Den Ball einmal kurz in das Wasser eintauchen, dabei locker in beiden Händen halten. Dann den Ball über der Schüssel ausdrücken. Den ausgedrückten Ball zur Seite legen.

3. Trocknen Sie sich die Hände ab und zupfen Sie dünne Faserbündel aus der farbigen Wolle. Umwickeln Sie den Ball mit den Fasern, bis der umwickelte Unterball nicht mehr zu sehen ist.

4. Nehmen Sie den Ball wieder in beide Hände und tauchen Sie ihn erneut ins Wasser. Halten Sie ihn dabei locker in den Händen. Danach das Wasser wieder aus dem Ball drücken.

5. Seifen Sie Ihre nassen Hände ein und rollen Sie den Ball vorsichtig, ohne Druck, in Ihren Händen so hin und her, dass sich die Wollfasern miteinander verbinden. Wiederholen Sie diesen Vorgang zwei- bis dreimal, bis die Oberfläche des Balls glatt und geschmeidig ist.

6. Drücken Sie nach einigen Minuten erneut das Wasser aus dem Ball. Nachdem sich die Wollfasern etwas miteinander verbunden haben, erhöhen Sie beim Rollen leicht den Druck Ihrer eingeseiften Hände auf den Ball.

7. Wenn die Wolle gut miteinander verfilzt ist, wird der Ball kräftig gerollt und gerieben (gewalkt). Diesen Vorgang wiederholen Sie so lange, bis alle Luftblasen und Falten verschwunden sind. Achten Sie immer darauf, dass genügend Seife in der Wolle ist. Der Ball ist fertig, wenn sich der Filz ganz an den Unterball angepasst hat. Bildet sich zu viel Schaum im Filzball, trocknen Sie Ihre Hände mit dem Handtuch ab und fahren danach mit dem Filzen fort. Sie werden merken, dass die Arbeit schneller vorangeht.

8. Spülen Sie den gefilzten Ball in handwarmem Wasser aus, bis keine Seife mehr austritt. Das letzte Spülwasser mit etwas Essig versetzen. Den Ball in einem sauberen Handtuch ausdrücken und trocknen lassen.

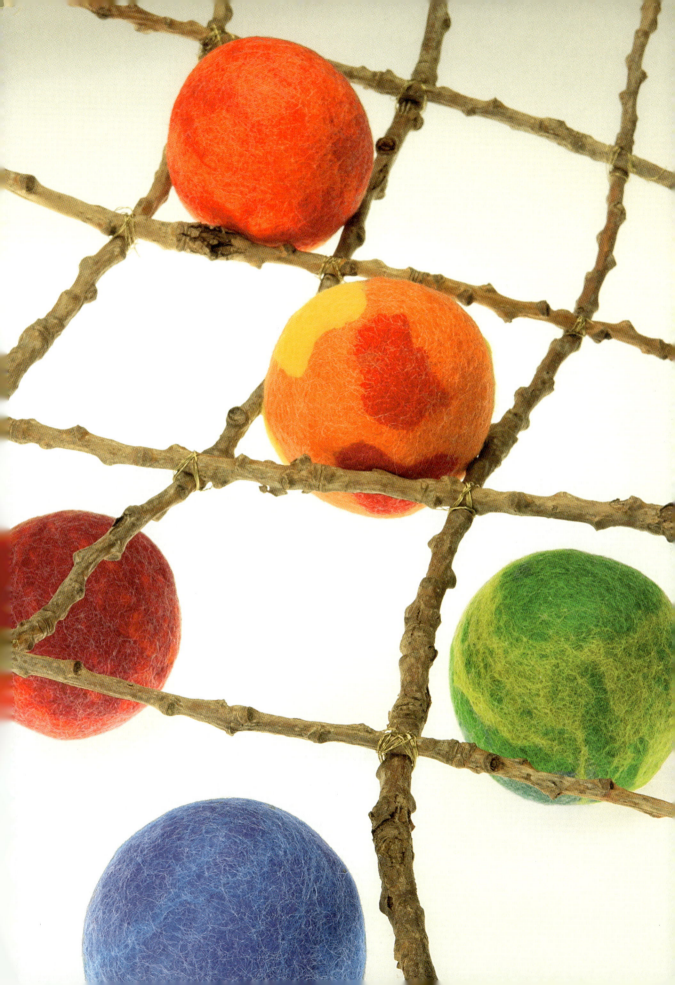

Große Vollwollbälle

Diese Bälle werden in der Waschmaschine gefilzt. Für einen Ball benötigen Sie ca. 160 g grob gewaschene, aber nicht gekämmte Wolle, z. B. Milchschafwolle oder andere Wolle, die Sie vom Schäfer bekommen können. Außerdem werden ca. 20 g Bergschaf- oder Alpenwollvlies in Geranienrot, jeweils ca. 20 cm Kardenband/Kammzug in Grün, Zitronengelb und Hellorange, eine Feinstrumpfhose, Bindfaden und eine Filznadel gebraucht.
Für den 1. und 2. Arbeitsschritt ist stark filzende Wolle, wie z. B. Bergschafwolle, nicht geeignet, da sie mit der Strumpfhose verfilzen würde.

1. Zupfen Sie die grob gewaschene Wolle ein wenig auseinander und wickeln Sie sie dann zu einem großen Knäuel.

2. Stecken Sie das Knäuel in ein Strumpfhosenbein und binden

Sie es fest ab. Sie können dann noch mehr Knäuel in das Strumpfbein stecken (bis zu drei Stück, bei kleinen Knäueln auch mehr).

3. Wenn alles gut abgebunden ist, waschen Sie die Wollbälle bei 40° C in der Waschmaschine. Nach der Wäsche sind die Bälle etwas kleiner geworden, da die Wolle einläuft. Die nun fest gefilzten Wollbälle aus der Strumpfhose nehmen.

4. Nehmen Sie die Filznadel und das Vlies zur Hand. Da die Bälle noch keine glatte Oberfläche haben, wird das Vlies jetzt mit der Filznadel aufgestichelt. Stechen Sie die Nadel immer senkrecht in den Ball.

5. Wenn das Vlies rund um den Ball so dicht ist, dass der Unterball nicht mehr durchschimmert, befestigen Sie anschließend mit der Filznadel das Muster aus farbiger Wolle.

6. Ist der Ball fertig gestaltet, seifen Sie ihn ein und rollen ihn einige Minuten in den Händen.

Achtung: Kinder sollten nur unter Aufsicht eines Erwachsenen mit der Filznadel arbeiten. Eine abgebrochene Filznadelspitze muss sofort entfernt werden.

7. Dann kommt der Ball noch einmal in die Waschmaschine (ohne Strumpfhose). Ist ein Wäschenetz vorhanden, kann der Ball auch darin in der Maschine gewaschen werden. Nach dem Waschgang ist der Ball fertig, alle Fasern sind jetzt fest miteinander verfilzt. Sie brauchen ihn nur noch in Form zu drücken und trocknen zu lassen. Auf diese Art gefilzte Bälle können immer wieder in der Waschmaschine gewaschen werden.

Bälle filzen

Vollwollball mit Geräusch und Schleuderschnur

Für den Hohlraum im Ball eignen sich Filmdosen oder die Hülsen aus Überraschungseiern. Mit Glöckchen, einer kleinen Murmel oder Getreidekörnern wird das rasselnde Geräusch erzeugt. Außerdem brauchen Sie ca. 160 g grob gewaschene, aber nicht gekämmte Wolle, ca. 20 g Bergschaf- oder Alpenwollvlies in Hellblau, jeweils ca. 25 cm Kardenband/Kammzug in Indisch Gelb und Geranienrot, eine ca. 40 cm lange vorgefilzte Schnur in Hellblau und Indisch Gelb (s. S. 24–25), eine Feinstrumpfhose, Bindfaden und eine Filznadel.

1. Ein Ende der Filzschnur wird zusammen mit der Wolle um die Filmdose oder Hülse gewickelt. Zum Fixieren können Sie ein Wollband nehmen.

2. Den Ball in ein Strumpfhosenbein stecken und fest abbinden. Die Filzschnur muss herausschauen, damit ein Verfilzen der gesamten Schnur mit dem Ball verhindert wird. Den Ball bei 40° C in der Waschmaschine waschen.

3. Nach dem Waschen sitzt die Geräuschhülse fest im Ball und die Schnur ist am Ansatz mit dem Wollball verfilzt. Nun können Sie den Ball wie beim großen Vollwollball beschrieben (s. S. 15, Schritt 4 bis 7) fertigstellen.

Vollwollball mit Geräusch und Schleuderschnur

Bälle filzen

Vollwollball mit Zipfeln

Sie brauchen einen fest gefilzten Vollwollball aus der Waschmaschine (s. S. 14–15), ca. 20 g Bergschaf- oder Alpenwollvlies in Braun für eine gleichmäßige Balloberfläche, ca. 25 cm Kardenband/Kammzug in Orange, eine Filznadel und sieben ca. 20 cm lange vorgefilzte Zipfel in Orange (s. S. 28–29).

1. Sticheln Sie das Vlies mit der Filznadel auf den Ball.

2. Die ungefilzten Enden der trockenen Zipfel werden ebenfalls mit der Filznadel auf den Ball gestichelt.

3. Sind alle gewünschten Zipfel am Ball befestigt, sticheln Sie das Spiralmuster in Orange auf. Seifen Sie den Ball mit der Filzseife ein und rollen ihn einige Minuten in den Händen.

4. Anschließend wird der Ball, mit oder ohne Wäschenetz, bei 40° C in der Waschmaschine gewaschen. Nach der Wäsche wird er in Form gedrückt und kann dann trocknen.

Bälle filzen

Kleine Kugeln zur Weiterverarbeitung

Diese Kugeln können bei vielen Filzobjekten zum Einsatz kommen, z. B. bei Wichteln (s. S. 40–41) oder Taschen (s. S. 50–51). Für zwei Kugeln benötigen Sie ca. 20 cm Kardenband/Kammzug in Bordeauxrot.

1. Teilen Sie die Wolle der Länge nach in vier gleich große Stücke.

2. Ein Stück fest um einen Finger wickeln und abziehen.

3. Nun ein zweites Wollstück quer um die Rolle wickeln, sodass eine Kugelform entsteht. Die Wolle sollte so fest wie möglich gewickelt werden, ohne dabei zu zerreißen.

4. Die Wollkugel in der Hand halten und in die Wasserschüssel tauchen, wieder herausnehmen und das Wasser ausdrücken. Seifen Sie sich anschließend die nassen Hände ein und rollen Sie die Kugel sehr vorsichtig zwischen beiden Händen. Üben Sie nicht zu viel Druck aus, sonst verändert sich die Form. Der Druck auf die Kugel sollte mit der Festigkeit der Kugel zunehmen.

5. Entstehen Risse in der Oberfläche, kann jeweils ein weiteres Stück Wolle um die Kugel gewickelt und diese anschließend noch einmal eingeseift werden. Wenn sich alle Fasern verbunden haben, wird das überschüssige Wasser aus der Kugel gedrückt. Zum Weiterfilzen wird jetzt nur noch Seife verwendet. Es reicht aus, mit der kleinen Kugel nur einmal an der Seife entlangzustreifen. Die Kugel ist dann fertig, wenn sie sich fest anfühlt und in ihrer Form nicht mehr leicht zu verändern ist.

6. Nun die Kugel in handwarmem Wasser ausspülen, bis keine Seife mehr austritt. Das letzte Spülwasser mit etwas Essig versetzen. Die Kugel in einem sauberen Handtuch ausdrücken und trocknen lassen.

Kleine Kugeln zur Weiterverarbeitung

Weiterverarbeitete Kugeln: Kette

*Weiterverarbeitete Kugel:
Innenkern für eine Blume*

Schnüre filzen

Einfarbige Schnur

Für eine ca. 70 cm lange und 1 cm dicke Schnur benötigen Sie ca. 85 cm Kardenband/Kammzug in Maigrün, da die Wolle beim Filzen einläuft.

1. Tauchen Sie die Wolle Stück für Stück in die Wasserschüssel und drücken Sie das Wasser aus.

2. Seifen Sie Ihre Hände ein und ziehen Sie die Wolle vorsichtig durch die hohle Hand. Wiederholen Sie diesen Vorgang zwei- bis dreimal, damit sich die Fasern gut miteinander verbinden. Die Wolle sollte sich danach glatt und geschmeidig anfühlen. Ist die Schnur sehr nass geworden, drücken Sie überschüssiges Wasser heraus. Wenn nötig, ziehen Sie die Schnur nochmals durch die eingeseifte Hand.

3. Walken Sie die Schnur jetzt mit nur wenig Druck auf einem Waschbrett. Es ist auch möglich, sie stattdessen Stück für Stück zwischen den Handflächen zu rollen. Die Schnur ist dann fertig gefilzt, wenn sie hart, fest und nicht mehr zu zerreißen ist. Probieren sie Letzteres behutsam aus.

4. Spülen Sie die Schnur in handwarmem Wasser aus, bis keine Seife mehr austritt. Das letzte Spülwasser mit etwas Essig versetzen. Die Schnur in einem sauberen Handtuch ausdrücken, der Länge nach kräftig in Form ziehen und trocknen lassen.

Effektvolle Haarsträhnen

Diese Haarsträhnen werden einfach an Haarbändern oder Haargummis befestigt. Für eine ca. 60 cm lange Haarsträhne werden ca. 75 cm Kardenband/ Kammzug in Dunkelgrün benötigt.

1. Teilen Sie die Wolle der Länge nach in vier gleich große Teile. Pro Haarsträhne brauchen Sie ein Wollstück.

2. Filzen Sie die Haarsträhne wie bei der einfarbigen Schnur beschrieben (s. links).

3. Nach dem Trocknen befestigen Sie die Strähne mit einem Knoten an einem Haarband oder Haargummi. Sitzt der Knoten in der Mitte der Haarsträhne, so ergibt sich eine Länge von ca. 30 cm pro Strähne.

Schnüre filzen

Zweifarbige Schnur

Zum Filzen einer ca. 70 cm langen und 1 cm dicken Schnur in einer hübschen Farbkombination brauchen Sie jeweils ca. 85 cm Kardenband/Kammzug in Pink und Orange.

1. Teilen Sie die Wollstücke jeweils der Länge nach zur Hälfte. Nehmen Sie nun zwei verschiedenfarbige Stücke und streichen Sie sie zusammen. Tauchen Sie das Ganze in die Wasserschüssel und drücken Sie dann das Wasser aus.

2. Seifen Sie Ihre Hände ein und ziehen Sie die zusammengestrichenen Wollstücke durch Ihre hohle Hand. Damit sich die Fasern beider Farben gut miteinander verbinden, sollte die Wolle zu Anfang sehr gut eingeseift werden. Verfahren Sie anschließend wie bei der einfarbigen Schnur beschrieben (s. S. 22).

Zweifarbige Schnur

Schnüre filzen

Schwarz-weiße Schnur

Sie brauchen für eine ca. 1,40 m lange und 1 cm dicke gestreifte Schnur jeweils ca. 40 cm Kardenband/Kammzug in Schwarz und Weiß.

1. Jedes Wollstück wird zunächst der Länge nach in zwei Hälften geteilt. Legen Sie die Stücke nun so hintereinander auf den Tisch, dass sich die Farben abwechseln. Die aneinander stoßenden Enden werden ineinander gesteckt.

2. Die Verbindungsstellen der Wollstücke einseifen. Damit sich die Fasern der aneinander stoßenden Farben gut miteinander verbinden, wird die Seife sehr sorgfältig in die Wolle gerieben. Dann rollen Sie die Schnur an den Verbindungsstellen zwischen den Handflächen.

3. Wenn alle Enden fest miteinander verfilzt sind, verfahren Sie mit der ganzen Schnur wie bei der einfarbigen Schnur beschrieben (s. S. 22).

Schwarz-weiße Schnur

Schnüre filzen

Zipfel zur Weiterverarbeitung

Sie benötigen für einen ca. 20 cm langen Zipfel ca. 25 cm Kardenband/Kammzug in Orange. Mützen (s. S. 52–53), Bälle (s. S. 18–19) und viele andere Filzobjekte können mit Zipfeln versehen werden.

1. Je nach gewünschter Dicke des Zipfels teilen Sie die Wolle der Länge nach zur Hälfte oder in vier gleich große Teile.

2. Da ca. 4 cm des Wollstücks zum späteren Ansticheln trocken bleiben müssen, tauchen Sie nur den übrigen Teil der Wolle in die Wasserschüssel. Drücken Sie das Wasser aus.

3. Halten Sie das trockene Ende mit der einen Hand nach oben und seifen Sie das nasse Stück mit der anderen Hand ein.

4. Haben sich die Fasern etwas verfilzt, rollen Sie den Zipfel zwischen den Handflächen. Das trockene Ende sollte dabei immer oben bleiben, damit die Wolle nicht nass wird. Wenn der Zipfel fest gefilzt ist, braucht er nicht ausgespült werden, bevor er seinen Platz an einem Ball oder einem anderen Objekt gefunden hat. Das Ausspülen erfolgt erst nach Vollendung des Gesamtobjekts.

Filzen mit der Rolltechnik

Tischset mit Sternen

Auf dieselbe Weise wie Tischsets können auch Puppenteppiche oder Deckchen mit der Rolltechnik gefilzt werden. Für ein Tischset benötigen Sie ca. 40 g Bergschaf- oder Alpenwollvlies in Geranienrot und jeweils ca. 10 cm Kardenband/Kammzug in Zitronengelb, Türkis, Lila. Außerdem sollten ein zusätzliches Küchenhandtuch und ein Bügeleisen bereitliegen.

1. Trennen Sie ein passendes Stück Vlies ab. Es sollte nicht breiter als das Handtuch und ca. 5 cm kürzer sein. Bedenken Sie bei der Wahl der Größe, dass das fertig gefilzte Tischset 10 bis 15 cm kürzer und schmaler sein wird als das trockene Vliesstück.

2. Legen Sie das Vlies auf das vor Ihnen ausgebreitete Handtuch und besprühen Sie es mit Seifenwasser.

3. Für die Sternzacken werden jeweils einige ca. 10 cm lange Fasern aus dem Kardenband oder Kammzug gezupft. Zwirbeln Sie die Faserbündel an den Enden und legen Sie sie dann auf das feuchte Vlies. Für einen Stern brauchen Sie vier Faserbündel.

4. Wenn alle Sterne Ihren Platz auf dem Vlies gefunden haben, werden auch sie mit Seifenwasser aus der Sprühflasche benetzt und anschließend mit eingeseiften Händen angefilzt.

5. Das feuchte Vlies wird jetzt mitsamt dem Handtuch und mit dem Rundholz als Kern zu einer möglichst festen Rolle zusammengerollt und dann 3 bis 5 Minuten vorsichtig hin- und hergerollt (wie eine Rolle Kuchenteig). Lösen Sie die Rolle anschließend wieder, um das Vlies noch einmal mit Seifenlauge einzusprühen und evtl. entstandene Falten zu glätten. Rollen Sie Handtuch und Vlies wieder fest um das Rundholz und fahren Sie mit dem Walken fort.

6. Nach einigen Minuten lösen Sie das Vlies vorsichtig vom Handtuch, drehen es um und sprühen es ein. Anschließend wieder wie beschrieben einrollen und 3 bis 5 Minuten vorsichtig hin- und herrollen. Ist das Handtuch ausreichend durchfeuchtet, brauchen Sie die Wolle nicht mehr mit Seifenlauge zu besprengen. Wenden Sie das Filzstück nach jeweils 3 bis 5 Minuten und rollen Sie es abwechselnd der Länge und der Breite nach ein. Sie werden beobachten, dass es, je nach Rollrichtung, kürzer und schmaler wird. Das Tischset ist fertig, wenn es fest gefilzt ist und die Wollfasern sich nicht mehr auseinander ziehen lassen.

7. Spülen Sie das Tischset in handwarmem Wasser aus, bis keine Seife mehr austritt. Das letzte Spülwasser wird mit etwas Essig versetzt. Das Filzstück in einem sauberen Handtuch ausdrücken. Anschließend in Form ziehen oder bei Einstellung Baumwolle glatt bügeln und trocknen lassen.

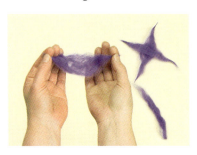

Tischset mit Sternen

Reizvolle Blüten

Für eine Blüte brauchen Sie ca. 25 cm Kardenband/Kammzug in Zitronengelb sowie ca. 10 cm in Schwarz, außerdem ein zusätzliches Küchenhandtuch, ein Gummiband und einen Bleistift. Ein Rundholz ist für diese Objekte nicht notwendig.

1. Zupfen Sie für den Kern der Blüte zwei ca. 10 cm lange Faserbündel aus der schwarzen Wolle. Teilen Sie danach für die Blüte das 25 cm lange Stück vom Kardenband oder Kammzug in vier gleiche Teile.

2. Falten Sie das eine schwarze Faserbündel zu einem ca. 3 cm großen Blütenmittelpunkt zusammen. Feuchten Sie diesen an und legen Sie ihn auf ihre Arbeitsunterlage. Die vier gelben Wollstücke werden dann sternförmig über dem Blütenmittelpunkt ausgelegt. Die Seitenkanten der Wollstücke müssen einander berühren. Sollte die Wollschicht zu dünn sein, legen Sie rund um den Mittelpunkt weitere, kürzere Fasern auf. (Für eine zweifarbige Blüte werden Fasern in der zweiten gewünschten Farbe hinzugefügt.) Falten Sie das zweite schwarze Faserbündel wie das Erste, feuchten Sie es an und legen Sie es in die Mitte der sternförmig ausgelegten Wolle.

3. Befeuchten Sie jetzt Ihre Hände mit sehr warmem Wasser und seifen Sie sie ein. Streichen Sie die ausgelegte Wolle vorsichtig mit der Seife ein. Bei Bedarf das Einseifen wiederholen. Die Faserspitzen der Wolle werden nach innen gelegt, damit die Blüte eine gerade Kante hat.

4. Kreisen Sie mit der ganzen Hand vorsichtig auf der Wolle, bis sich die Wollfasern etwas miteinander verbunden haben. Wenden Sie die Blüte und verfahren Sie mit der anderen Seite ebenso.

5. Die angefilzte Blüte wird auf das Küchenhandtuch gelegt, das Ganze wird eingerollt und gewalkt. Walken Sie das Filzstück drei- bis viermal von beiden Seiten und in beide Richtungen. Die Blüte ist fertig, wenn sich die Wollfasern nicht mehr auseinander ziehen lassen.

6. Die Blüte in handwarmem Wasser ausspülen, bis keine Seife mehr austritt. Das letzte Spülwasser wird mit etwas Essig versetzt. Danach das Filzstück in einem sauberen Handtuch ausdrücken. Zum Trocknen wird es über das hintere Ende eines Bleistifts gestülpt, der schwarze Blütenmittelpunkt wird mit einem Gummiband am Bleistift fixiert. Nach dem Trocknen lösen Sie das Gummiband. Das Filzstück hat eine hübsche Blütenform erhalten.

Schal aus Wolle und Seide

Für diesen Schal aus einer edlen Materialmischung werden ein Kammzugband in Orange sowie jeweils ca. 30 cm Kammzug in Bordeauxrot und Pink benötigt, außerdem ein Seidenschal von ca. 1,40 m Länge und 30 cm Breite in Gelb, ein langes Stück Baumwollstoff oder mehrere Küchenhandtücher und zwei Gummibänder. Der Stoff oder die aneinander gelegten Handtücher sollten mindestens 3 cm breiter als der Seidenschal und an jedem Ende ca. 5 cm länger sein.

1. Legen Sie Stoff oder Handtücher auf eine ausreichend große Unterlage und trennen Sie vom Kammzug in Orange ein Stück von 1,60 m Länge ab und teilen es in zwei gleiche Teile. Breiten Sie das eine Wollstück dann so auf dem Stoff oder den Handtüchern aus, dass es 2 bis 3 cm breiter ist als der Schal. Zupfen Sie die Wolle dazu so auseinander, dass sie eine sehr dünne Schicht ergibt.

2. Verteilen Sie dünne Faserbündel in Rosa und Bordeauxrot auf den ganz dünnen Stellen der ausgebreiteten Wolle. Sie können die Fasern auch als allererstes auf dem Tuch auslegen. Feuchten Sie das Ganze mit Seifenwasser aus der Sprühflasche an. Verzwirbeln Sie die Faserenden an den Schmalseiten zu einigen Fransen.

3. Platzieren Sie den Seidenschal auf der ausgebreiteten Wolle. Legen Sie das zweite Wollstück darüber und verfahren Sie damit wie oben beschrieben. Denken Sie daran, die Wolle mit Seifenwasser zu besprühen.

4. Rollen Sie alles mitsamt dem Stoff der Länge nach fest um ein Rundholz. Fixieren Sie Stoff und Wolle an beiden Enden mit Gummibändern und rollen Sie das Ganze 3 bis 5 Minuten mit den Händen oder dem Fuß hin und her. Verfahren Sie anschließend wie beim Tischset beschrieben (s. S. 30, Schritt 5).

5. Zuletzt spülen Sie den Schal in handwarmem Wasser aus, bis keine Seife mehr austritt, und versetzen das letzte Spülwasser mit etwas Essig. Den Schal in einem sauberen Handtuch ausdrücken, in Form ziehen und trocknen lassen.

Arbeiten mit Schablonen

Schablonen zum Umfilzen

Zur Herstellung von Schablonen eignen sich Reste von PVC-Bodenbelägen sehr gut. Sie sind stabil und doch biegsam und geben beim Umfilzen eine gute Orientierung. Materialien wie Getränkeverpackungen (Tetrapack) und feste Pappen erfüllen auch ihren Zweck, durchweichen aber schnell und sind daher nur einmal zu gebrauchen. Die Schablonen sollten allseitig ca. 4 cm größer sein als das gewünschte fertige Objekt, da die Wolle beim Walken einläuft. Zum Übertragen einer Vorlage legen Sie Transparentpapier auf die Vorlagenseite und zeichnen die Konturen des Motivs mit Bleistift nach. Dann legen Sie Kohlepapier mit der schwarzen Seite nach unten auf das Schablonenmaterial, legen das Transparentpapier darauf und ziehen die Motivkonturen nochmals mit Bleistift nach. Die Form wird mit der Schere oder dem Cutter ausgeschnitten. Alle Vorlagen können nach Bedarf vergrößert oder verkleinert werden.

Dekorative Eierwärmer

Neben einer Dreieckschablone (s. S. 63) brauchen Sie für einen Eierwärmer ca. 15 g Bergschafwollvlies in Naturweiß, jeweils ca. 10 cm Kardenband/Kammzug in Hellrot, Zitronengelb und Pink, eine Wolllocke (im Wollfachhandel erhältlich) in Hellrot oder Heidschnuckenhaar sowie eine Schere und eine Flasche.

1. Breiten Sie das Vlies auf der Arbeitsunterlage zu einer dünnen Schicht aus und legen Sie die Schablone darauf. Die farbige Locke oder das Heidschnuckenhaar in die Mitte der Schablonenspitze legen. Nun das Vlies zweimal so fest wie möglich, aber ohne es zu zerreißen, um die Schablone wickeln. Die Locke an der Spitze wird mit eingewickelt. Achten Sie darauf, dass die Wolle am Ende auf beiden Seiten der Schablone gleich dick ist und die Schablone nicht mehr durchschimmert.

2. Verteilen Sie farbige Fasern vom Kardenband/Kammzug auf dem Vlies (s. S. 34, Schritt 2). Legen Sie die fertig eingewickelte Schablone neben die Wasserschüssel.

3. Seifen Sie sich die Hände ein und lassen Sie das Seifenwasser auf die Wolle tropfen. Streichen Sie die Wolle erst auf der einen, danach auf der anderen Seite mit Ihren eingeseiften Händen vorsichtig ein.

4. Anschließend wird die Seife mit kreisenden Bewegungen der ganzen Handfläche vom Rand zur Mitte der Schablone einmassiert. Dies ist notwendig, da zu Beginn des Filzvorgangs das Vlies größer ist als die Schablone. Wird nicht vom Rand zur Mitte hin gearbeitet, verfilzt sich die Wolle an den Schablonenkanten und es entstehen unschöne Wülste. Haben sich die Wollfasern etwas miteinander verbunden, drücken Sie vorsichtig die Luft aus der Wolle. Vergessen Sie nicht, mit Ihren Händen auch immer am Rand der Schablone entlangzufahren. Sollte sich zu viel Wasser gesammelt haben, drücken Sie das Filzstück vorsichtig aus. Hat sich zu viel Schaum gebildet, trocknen Sie sich die Hände ab und filzen wie beschrieben weiter. Bearbeiten Sie erst die eine, dann die andere Seite.

5. Wenn der Filzkörper locker an der Schablone anliegt, kommt das Waschbrett zum Einsatz. Das Filzstück wird nun von allen Seiten in Längs- und Querrichtung sowie an den Kanten entlang gewalkt, d. h. mit festem Druck gerieben. Filzen Sie die Spitze des Eierwärmers besonders fest. Halten Sie sie zwischen Daumen und Zeigefinger beider Hände und walken Sie sie kräftig hin und her. Nehmen Sie dafür ausreichend Seife, damit die Wolle an der Oberfläche nicht rau wird. Das Filzen ist abgeschlossen, wenn der Filzkörper sich fest an die Schablone schmiegt.

Arbeiten mit Schablonen

6. Danach schneiden Sie den Filzkörper am unteren Rand sorgfältig auf und ziehen die Schablone heraus.

7. Nehmen Sie das Filzobjekt in die eine Hand und filzen Sie die Innenseiten mit den eingeseiften Fingern der anderen Hand. Ist die Unterkante des Eierwärmers nicht gerade, schneiden Sie diese mit einer Schere nach und filzen die Schnittkante zwischen Daumen und Zeigefinger

nach, bis sie sich ausreichend verfilzt hat.

8. Das Filzstück in handwarmem Wasser ausspülen, bis keine Seife mehr austritt. Das letzte Spülwasser wird mit etwas Essig versetzt. Danach den Eierwärmer in einem sauberen Handtuch ausdrücken. Damit das fertige Filzobjekt seine runde Form bekommt, stülpen Sie es zum Trocknen über einen Flaschenhals oder einen anderen passenden Gegenstand.

Lustige Wichtel

Für einen Wichtel benötigen Sie eine Wichtelschablone (s. S. 62), ca. 15 g Alpenwollvlies in Geranienrot, ca. 25 cm Kardenband/Kammzug in Grün, eine Schere, eine vorgefilzte kleine Kugel (s. S. 20–21) in Naturweiß mit einem Durchmesser von ca. 2 cm, Wolle zum Ausstopfen und eine ca. 25 cm lange Baumwollschnur in Rot.

1. Das Vlies auf der Arbeitsunterlage ausbreiten und die Schablone darauf legen. Nun wickeln Sie das Vlies zweimal so fest wie möglich um die Schablone. Achten Sie dabei darauf, dass die Wolle nicht zerreißt. Lassen Sie an der Spitze der Schablone etwas Wolle überstehen, diese wird später zu einer spitzen Wichtelmütze gefilzt. Am Ende darf die Schablone nicht mehr durch die Wolle durchschimmern. (Möchten Sie den Körper des Wichtels von Anfang an in mehreren Farben anlegen, müssen sich die Wollfasern der einzelnen Vliese um ca. 3 cm überlappen.)

2. Legen Sie Fasern vom grünen Kardenband/Kammzug um das Vlies und filzen Sie den Wichtel wie beim Eierwärmer beschrieben (s. S. 37, Schritt 3 bis 4). Danach walken Sie ihn von allen Seiten auf dem Waschbrett.

3. Schneiden Sie den Filzkörper am unteren Rand auf und ziehen Sie die Schablone heraus. Jetzt wird die Wichtelmütze gefilzt. Sie kann dazu zwischen den Handflächen oder auf dem Waschbrett gerollt werden, bis sie fest und spitz ist.

4. Ist der Wichtel fertig gefilzt, spülen Sie ihn wie beim Eierwärmer beschrieben aus (s. S. 38, Schritt 7) und lassen ihn trocknen.

5. Schneiden Sie an der auf der Schablonenvorlage markierten Stelle einen Schlitz von ca. 1,5 cm Länge für den Kopf in eine Seite des Filzkörpers. Stopfen Sie die Wichtelmütze mit Restwolle aus und stecken Sie dann den Kopf von innen so durch die Öffnung im Wichtelkörper, dass die Hälfte herausschaut. Beim Einsetzen des Kopfes dehnt sich der Schlitz etwas.

6. Jetzt wird der restliche Körper des Wichtels mit Wolle ausgestopft und anschließend unterhalb des Kopfes mit einem Wollfaden abgebunden.

Arbeiten mit Schablonen

Modische Armstulpen

Sie brauchen für die Stulpen (Größen 36–42) eine Rechteckschablone (s. S. 62), ca. 35 g Merinowollvlies in Schwarz, ca. 10 cm Kammzug in Maigrün, eine Schere, ein zusätzliches Küchenhandtuch und zwei Flaschen. Ein Waschbrett wird hierbei nicht benötigt.

1. Breiten Sie das Vlies auf Ihrer Arbeitsunterlage aus und legen Sie die Schablone darauf. Nun umwickeln Sie die Schablone sorgfältig und so eng wie möglich mit der Vlieswolle. Achten Sie darauf, dass die Wolle dabei nicht zerreißt. Die Schablone sollte am Ende nicht mehr durchschimmern.

2. Für eine interessante Farbnuancierung verteilen Sie auf beiden Seiten der umwickelten Schablone dünne Faserbündel in Maigrün.

3. Seifen Sie sich die Hände ein und schöpfen Sie dann auf beiden Seiten etwas Wasser auf die Wolle. Diesen Vorgang wiederholen. Die Wolle sollte nass, aber nicht tropfnass sein. Drücken Sie mit eingeseiften Händen vorsichtig auf die Mitte des Wollstücks, damit das Wasser sich auch bis zum Rand der Schablone verteilt.

4. Beginnen Sie mit dem Filzen in der Mitte des Objekts. Massieren Sie die Seife mit kreisenden Bewegungen der ganzen Handfläche in die Wolle ein. Haben

sich die Wollfasern etwas verfilzt, bearbeiten Sie die andere Seite in derselben Weise.

5. Schieben Sie über den Rand hinaus reichende Wolle vorsichtig zur Mitte des Wollstücks. Die Wollfasern sollten danach fest am Schablonenrand anliegen. Dabei entstehende Falten lassen sich beim Filzen wieder glätten.

6. Um die Wolle an den Kanten der Schablone zu verfilzen, fahren Sie mit den Händen am Rand entlang. Filzen Sie die Wolle jetzt abwechselnd in der Mitte und an den Schablonenkanten. Drehen Sie das Objekt dabei immer wieder, damit beide Seiten gleichmäßig bearbeitet werden. Hat sich zu viel Wasser gesammelt, drücken Sie das Filzstück vorsichtig aus. Sollte sich zu viel Schaum bilden, trocknen Sie sich die Hände ab und filzen wie beschrieben weiter. Fahren Sie so lange fort, bis die Wolle eng an der Schablone anliegt. Achten Sie darauf, dass die Wollfasern vom oberen und unteren Rand nicht miteinander verfilzen. So vermeiden Sie unschöne Wülste in dem nahtlosen Filzkörper.

7. Ist das Filzen abgeschlossen, schneiden Sie die Wolle an einer der schmalen Seiten auf und nehmen die Schablone heraus. Danach wird die gegenüberliegende Schmalseite auf- und anschließend das Filzstück in der Mitte durchgeschnitten, sodass zwei gleich große Stücke entstehen.

8. Die Armstulpen sind jetzt noch sehr groß. Eine Stulpe auf ein Küchenhandtuch legen, das Ganze einrollen und zwei- bis dreimal fest hin- und herrollen. Möchten Sie eine Spitze an der Stulpe haben, schneiden Sie nun entsprechend der Markierung auf der Schablonenvorlage am oberen Rand einen Halbkreis aus dem Filzstück heraus. Fahren Sie mit dem Walken fort, bis die Stulpe die gewünschte Größe erreicht hat. Walken Sie sie von beiden Seiten und in beide Richtungen. Probieren Sie sie zwischendurch immer wieder an, damit sie nicht zu klein wird. Mit der zweiten Stulpe ebenso verfahren.

9. Die Stulpen in handwarmem Wasser ausspülen, bis keine Seife mehr austritt. Das letzte Spülwasser wird mit etwas Essig versetzt. Dann drücken Sie die Stulpen in einem sauberen Handtuch aus und stülpen sie zum Trocknen jeweils über einen Flaschenhals oder einen anderen passenden Gegenstand.

Arbeiten mit Schablonen

Wärmendes Kissen

Für das Kissen benötigen Sie eine Kreisschablone (s. S. 62), ca. 120 g Bergschafwollvlies in Naturweiß, jeweils ca. 25 cm Kardenband/Kammzug in Zitronengelb, Dunkelgelb, Maigrün, Geranienrot, Hellrot, Pink, Lila, Hellblau und Dunkelblau, eine Schere, Wolle zum Ausstopfen, eine Nähnadel und Nähgarn in Weiß.

1. Teilen Sie die farbigen Wollstücke vom Kardenband oder Kammzug der Länge nach in jeweils vier gleich große Teile. Von jeder Farbe brauchen Sie ein Wollstück. Tauchen Sie die Stücke in die Wasserschüssel und drücken Sie das Wasser heraus. Danach arrangieren Sie sie so in der Mitte der Schablone, dass ein Flechtmuster entsteht. Setzen Sie Ihre Farben ganz nach Ihrem Geschmack.

2. Trennen Sie vom Vlies ein Stück ab, das ca. 5 cm größer ist als die Kreisschablone, und legen Sie es auf Ihre Arbeitsfläche. Legen Sie nun die Schablone mit dem Wollmuster auf das Vlies. Anschließend klappen Sie die überstehende Vlieswolle zur Mitte hin um die Kante der Schablone. Feuchten Sie die Wolle dann so an, dass sie eng an der Schablone anliegt. Sind noch Teile der Schablone oder des Wollmusters zu sehen, bedecken Sie diese mit einem weiteren Vliesstück. Das zusätzlich aufgelegte Vlies muss das darunter liegende überlappen, damit beides sich verfilzen kann. Auch diese Wolle so anfeuchten, dass sie eng anliegt. Jetzt sollten Farbmuster und Schablone nicht mehr durchschimmern. Merken Sie sich die Seite der Schablone, auf der sich Ihr geflochtenes Wollfasermuster befindet.

3. Seifen Sie sich die Hände ein und schöpfen Sie auf beiden Seiten etwas Wasser auf die Wolle in der Mitte der Schablone. Diesen Vorgang wiederholen. Die Wolle sollte nass, aber nicht tropfnass sein. Drücken Sie mit eingeseiften Händen vorsichtig auf die Mitte des Wollstücks, damit das Wasser sich auch bis zum Rand der Schablone verteilt.

4. Beginnen Sie mit dem Filzen in der Mitte des Objekts. Massieren Sie die Seife mit kreisenden Bewegungen der ganzen Handfläche in die Wolle ein. Haben sich die Wollfasern etwas verfilzt, bearbeiten Sie die andere Seite in derselben Weise.

5. Filzen Sie die Wolle jetzt mit streichenden Bewegungen von außen nach innen, damit die Wollfasern dicht an der Schablonenkante anliegen. Dabei entstehende Falten lassen sich beim Filzen glätten. Um die Wolle an den Kanten der Schablone zu verfilzen, fahren Sie mit den Händen am Rand entlang. Filzen Sie nun abwechselnd die Mitte und den Rand und drehen Sie das Objekt dabei immer wieder, damit beide Seiten gleichmäßig bearbeitet werden.

Wärmendes Kissen

6. Fahren Sie so lange mit dem Filzen fort, bis alle Falten verschwunden sind und die Wolle eng an der Schablone anliegt. Sollte sich die Wolle nur langsam verfilzen lassen, hat sich zu viel Wasser darin angesammelt. Rollen Sie Ihr Objekt zusammen und drücken Sie überschüssiges Wasser heraus. Fühlt sich die Wolle nach dem Ausdrücken rau an, streichen Sie sie mit dem Seifenstück ein, bis sie beim Filzen wieder glatt und geschmeidig wird.

7. Liegt die Wolle überall eng an der Schablone an, werden beide Seiten des Filzstücks in alle Richtungen auf dem Waschbrett gewalkt. Sind auf der Seite mit dem innen liegenden Muster farbige Wollfasern zu sehen, ist die Wolle ausreichend gefilzt.

8. Schneiden Sie an der auf der Schablonenvorlage markierten Stelle einen Schlitz in die dem Muster gegenüberliegende Seite und ziehen Sie die Schablone heraus. Danach wenden Sie den Filzkörper, sodass Ihr schönes Muster zu Tage tritt. Sollte sich das Farbmuster noch nicht ganz mit der Vlieswolle verfilzt haben, filzen Sie es etwas nach.

9. Das fertig gefilzte Kissen wird in handwarmem Wasser ausgespült, bis keine Seife mehr austritt. Beim letzten Spülgang wird etwas Essig in das Wasser gegeben. Drücken Sie dann das Kissen in einem sauberen Handtuch aus, ziehen Sie es in Form und lassen Sie es trocknen. Anschließend können Sie es mit Wolle ausstopfen. Zuletzt nähen Sie die Öffnung zu.

> **Tipps:**
> Durch Absteppen mit der Nähmaschine lassen sich weitere schöne Muster auf dem Kissen herstellen.
> Der Filzkörper des Kissens kann auch zur Herstellung einer Tasche verwendet werden. Führen Sie dazu, wie bei der Tasche beschrieben (s. S. 50, Schritt 4), den Schnitt am Rand aus.

Arbeiten mit Schablonen

Aparte Tasche

Für diese Tasche werden eine Kreisschablone (s. S. 62), ca. 130 g Bergschaf- oder Alpenwollvlies in Geranienrot, ca. 7 cm Kardenband/Kammzug in Maigrün, eine Schere, ein zusätzliches Küchenhandtuch, ein Bügeleisen, eine vorgefilzte kleine Kugel (s. S. 20–21) in Maigrün mit einem Durchmesser von ca. 2 cm, eine ca. 1 m lange vorgefilzte Schnur in Maigrün (s. S. 22), eine Nähnadel und Nähgarn in Rot benötigt.

1. Vom Vlies ein Stück abtrennen, das ca. 5 cm größer ist als die Kreisschablone, und auf die Arbeitsfläche legen. Nun die Schablone auf das Vlies legen. Anschließend klappen Sie die überstehende Vlieswolle zur Mitte hin um die Kante der Schablone. Feuchten Sie die Wolle dann so an, dass sie eng an der Schablone anliegt. Sind noch Teile der Schablone zu sehen, bedecken Sie diese mit einem weiteren Vliesstück. Das zusätzlich aufgelegte Vlies muss das darunter liegende überlappen, damit beides sich verfilzen kann. Auch diese Wolle so anfeuchten, dass sie eng anliegt. Jetzt sollte die Schablone nicht mehr durchschimmern.

2. Seifen Sie sich die Hände ein und schöpfen Sie auf einer Seite etwas Wasser auf die Wolle in der Mitte der Schablone. Nun filzen Sie die nasse Seite wie beim Kissen beschrieben (s. S. 46–47, Schritt 4 bis 6).

3. Mit trockenen Händen einige Faserbündel aus dem Kardenband oder Kammzug zupfen. Am oberen Rand der ungefilzten Seite des Objekts die grünen Wollfasern zu einem Muster legen und mit seifigen Händen fixieren.

4. Jetzt die Seite mit dem Muster ebenfalls wie beim Kissen beschrieben filzen, dann beide Seiten in alle Richtungen auf dem Waschbrett walken. Im Gegensatz zum Kissen befindet sich das Muster hier auf der Außenseite des Filzstücks.

5. Wenn der Filzvorgang beendet ist und der Filzkörper eng an der Schablone anliegt, schneiden Sie an der auf der Schablonenvorlage markierten Stelle (oberhalb des Musters) einen Schlitz in das Objekt und entfernen die Schablone. Anschließend schneiden Sie auf der gemusterten Seite 1,5 cm vom eingeschnittenen Rand entfernt mittig einen Schlitz als Knopfloch ein.

6. Rollen Sie die Tasche in ein Handtuch ein und walken Sie sie von beiden Seiten in alle Richtungen, bis sich die Wollfasern an den Schnittkanten miteinander verfilzt haben. Zwischendurch die Tasche immer wieder in Form ziehen.

7. Spülen Sie das Filzstück aus, bis keine Seife mehr austritt, und versetzen Sie das letzte Spülwasser mit etwas Essig. Die Tasche in einem sauberen Handtuch ausdrücken. Die Seite ohne Muster zur Hälfte nach innen umschlagen, die gemusterte Seite darüber klappen. Das Ganze bei Einstellung Baumwolle in Form bügeln.

8. Ist die Tasche getrocknet, wird die Filzkugel als Knopf und die Schnur als Henkel angenäht.

Alternativ können Sie nach dem Filzen am oberen Taschenrand einen kleineren Schlitz einschneiden (ca. 24 cm lang), beide Seiten einige Zentimeter nach innen umnähen und als Verschluss einen Druckknopf an den Innenseiten anbringen.

Arbeiten mit Schablonen

Schicke Mütze mit Zipfel

Sie brauchen für eine Mütze (Kopfumfang 56 cm) eine Kreisschablone (s. S. 63), ca. 80 g Merinowollvlies in Geranienrot, einen ca. 8 cm langen vorgefilzten Zipfel in Geranienrot (s. S. 28–29), eine Schere, ein zusätzliches Küchenhandtuch und ein Bügeleisen. Ein Waschbrett wird hierbei nicht benötigt.
Das Vlies sollte relativ dünn sein, damit es sich der Kopfform besser anpassen kann.

1. Trennen Sie vom Vlies ein Stück ab, das ca. 5 cm größer ist als die Kreisschablone, und legen Sie es auf die Arbeitsfläche. Legen Sie nun die Schablone auf das Vlies. Anschließend klappen Sie die überstehende Vlieswolle zur Mitte hin um die Kante der Schablone. Feuchten Sie die Wolle dann so an, dass sie eng an der Schablone anliegt. Sind noch Teile der Schablone zu sehen, bedecken Sie diese mit einem weiteren Vliesstück. Das zusätzlich aufgelegte Vlies muss das darunter liegende überlappen, damit beides sich verfilzen kann. Auch diese Wolle so anfeuchten, dass sie eng anliegt. Jetzt sollte die Schablone nicht mehr durchschimmern.

2. Schieben Sie die Wollfasern auf einer Seite der umwickelten Schablone in der Mitte etwas auseinander, sodass ein kleines Loch entsteht, und stecken Sie das untere, ungefilzte Ende des Zipfels hinein. Anschließend zupfen Sie die Wolle rund um den Zipfel wieder zurecht.

3. Seifen Sie sich die Hände ein und schöpfen Sie etwas Wasser auf das Vlies rund um den Zipfel. Filzen Sie zunächst die nasse Stelle, um Zipfel und Vlies gut miteinander zu verbinden.

4. Nun befeuchten Sie auch die andere Seite und filzen das gesamte Objekt wie beim Kissen beschrieben (s. S. 46–47, Schritt 4 bis 6).

5. Ist das Filzen abgeschlossen und liegt die Wolle überall eng an der Schablone an, schneiden Sie entsprechend der Markierung auf der Schablonenvorlage A die Unterseite der Mütze von der Mitte aus kreuzförmig ein. Entfernen Sie die Schablone.

6. Rollen Sie die Mütze in ein Handtuch ein und walken Sie sie von beiden Seiten in alle Richtungen, bis sich die Wollfasern an den Schnittkanten miteinander verfilzt haben. Zwischendurch ziehen Sie die Mütze immer wieder in Form und probieren sie an, um zu überprüfen, ob die Einschnitte lang

Schicke Mütze mit Zipfel

genug sind. Müssen die Schnitte verlängert werden, wird die Mütze danach erneut gewalkt.

7. Spülen Sie die Mütze aus, bis keine Seife mehr austritt. Das letzte Spülwasser wird mit etwas Essig versetzt. Danach die Mütze in einem sauberen Handtuch ausdrücken. Für den letzten Schliff bügeln Sie sie bei Einstellung Baumwolle in Form.

Die vier Zacken an der Unterseite werden nach außen gebügelt. Zuletzt lassen Sie die Mütze so in Form gebügelt trocknen, dann wird sie so hübsch bleiben.

Für eine Mütze mit einer runden Öffnung schneiden Sie die durch den Kreuzeinschnitt entstandenen vier Zacken vor dem Walken entsprechend der Markierung auf der Schablonenvorlage B rund ab. Für eine achtzackige Öffnung schneiden Sie entsprechend der Vorlage C.

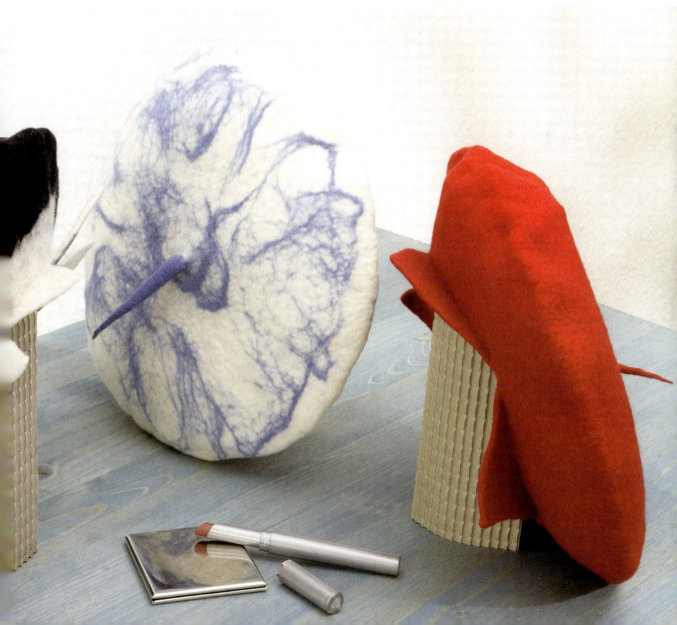

Arbeiten mit Schablonen

Filzschuhe

Filzschuhe sind etwas Besonderes: Sie sind überaus angenehm zu tragen, und die Füße werden warm gehalten, ohne zu schwitzen. Für ein Schuhpaar (Größen 37–40) benötigen Sie zwei Schuhschablonen (s. S. 62), ca. 140 g Bergschafwollvlies in Naturweiß, ca. 20 g Alpen- oder Merinowollvlies in Hellblau, ca. 35 cm Kardenband/Kammzug in Indisch Gelb, eine Filznadel, ein Stück Schaumstoff und ein zusätzliches Küchenhandtuch.

Für größere oder kleinere Schuhgrößen stellen Sie Ihre Schablonen folgendermaßen her: Stellen Sie Ihren Fuß auf das Schablonenmaterial und umfahren Sie ihn mit einem Stift. Zeichnen Sie anschließend im Abstand von 4 cm eine zweite Linie um die erste und schneiden Sie die Schablone entlang dieser Linie aus.

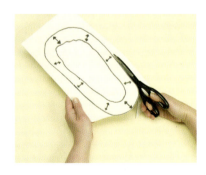

1. Teilen Sie für beide Schuhe die gleiche Menge naturweiße und hellblaue Wolle ab. Danach das hellblaue Wollstück für den ersten Schuh in einer dünnen Schicht so fest wie möglich, aber ohne es zu zerreißen, um die Schablone wickeln. Für die Ferse und die Spitze nehmen Sie jeweils ein zusätzliches Stück der blauen Wolle und legen es um die Rundungen. Jetzt in derselben Weise die zweite Schablone umwickeln. Vollziehen Sie jeden der einzelnen Arbeitsschritte erst für den ersten, danach für den zweiten Schuh.

2. Streichen Sie die Wolle mit reichlich Wasser so ein, dass sie dicht an der Schablone anliegt.

3. Da die Bergschafwolle oft sehr dick im Vlies liegt, empfiehlt es sich, sie zunächst in dünne Schichten zu teilen. Wickeln Sie dann so viele dünne Wollschichten um die Schablone, dass die hellblaue Wolle

nicht mehr durchschimmert. Legen Sie auch von dieser Wolle jeweils ein zusätzliches Stück um die Rundungen an Ferse und Spitze.

4. Seifen Sie sich die Hände ein und schöpfen Sie auf beiden Seiten etwas Wasser auf die Wolle in der Mitte der Schablone. Nun filzen Sie die Objekte wie beim Kissen beschrieben (s. S. 46–47, Schritt 4 bis 6). Liegt die Wolle überall eng an den Schablonen an, walken Sie beide Seiten der Filzstücke mit reichlich Seife auf dem Waschbrett.

5. Ist die Wolle beider Schuhe gut verfilzt, schneiden Sie entsprechend der Markierung auf der Schablonenvorlage einen Schlitz in jeweils eine Seite des Filzstücks und ziehen die Schablone heraus. Anschließend die Filzstücke wenden. Der linke Schuh wird nun zum rechten Schuh, der rechte wird zum linken. Die hellblaue Wolle liegt jetzt außen auf der Schuhoberfläche.

6. Das farbige Muster wird mit der Filznadel auf jedem Schuh befestigt. Stecken Sie dazu ein Stück Schaumstoff oder ein Handtuch in den Schuh, um zu verhindern, das sich die Wollfasern von Sohle und Oberseite miteinander verfilzen. Reiben Sie das fertige Muster mit Seife ein.

Filzschuhe

7. Rollen Sie den Schuh in ein Handtuch ein und walken Sie ihn nur wenige Male der Länge und Breite nach, da er beim Walken schnell kleiner wird. Dann probieren Sie ihn an und vergrößern die Öffnung, wenn nötig, um 0,5 bis 1 cm. Danach nochmals kurz walken und anprobieren.

8. Passt der Schuh, behalten Sie ihn an. Filzen sie mit eingeseiften Händen zunächst die Schnittkanten, dann den gesamten Schuh nach, bis er sich Ihrer Fußform angepasst hat. Achten Sie dabei besonders auf die Passform an der Ferse, damit zwischen Filz und Fuß kein Hohlraum entsteht.

9. Spülen Sie den Schuh in handwarmem Wasser aus, bis keine Seife mehr austritt. Beim letzten Spülgang etwas Essig in das Wasser geben. Drücken Sie den Schuh in einem sauberen Handtuch aus, ziehen Sie ihn noch einmal an und reiben Sie ihn entlang der Fußform. Ziehen Sie ihn vorsichtig aus und lassen Sie ihn trocknen.

Tipp:
Da Filzschuhe sich besonders auf rauen Bodenbelägen schnell durchlaufen, empfiehlt es sich, eine Sohle aus Leder unter den Schuh zu nähen oder eine Schicht aus flüssigem Latex auf die Lauffläche aufzutragen.

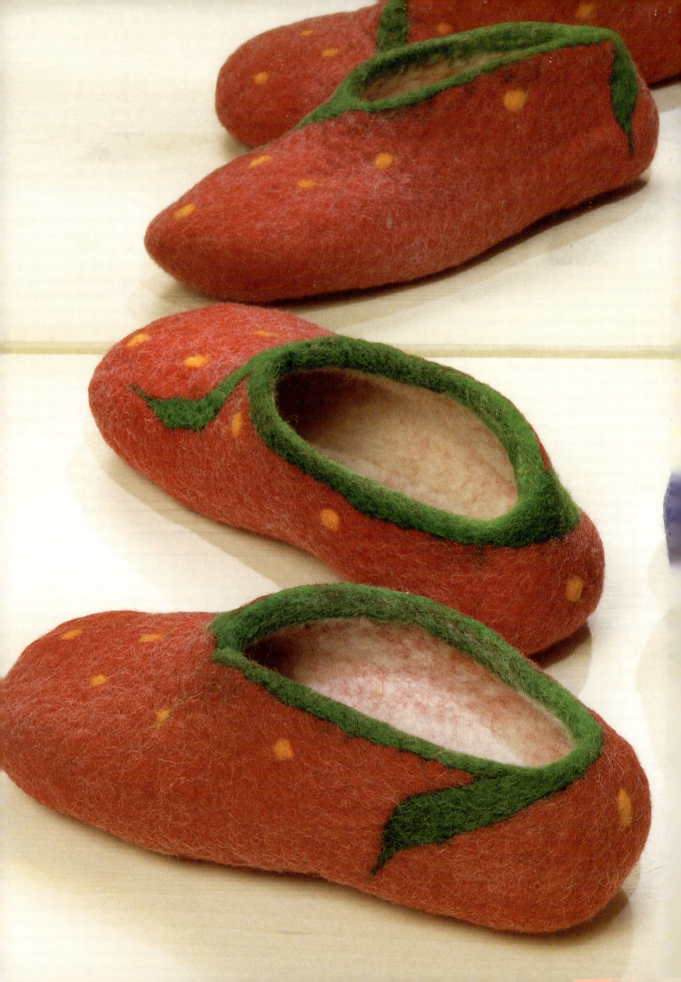

Galerie Filzobjekte

Eingefilzter kugelrunder Stein auf einem Metallständer: Der Stein ist mit grauem Bergschafwollvlies umfilzt, die obere Lage besteht aus farbigen Leicesterlocken (im Wollfachhandel erhältlich). Neben dem Metallständer liegt ein weiterer umfilzter Naturstein.

Galerie Filzobjekte

Kleine Kugeln im Glasgefäß

Gefilzte Merinobänder sind durch einen Lochstein gezogen und zusammengebunden.

Galerie Filzobjekte

Vasenform aus Weidenzweigen mit Filzblüten

Aufgesteckte Filzhalbkugel mit aufgenähten Blüten

Galerie Filzobjekte

*An einem Stock befestigte Fenster-
dekoration aus hauchdünnem Vlies*

Schablonenvorlagen

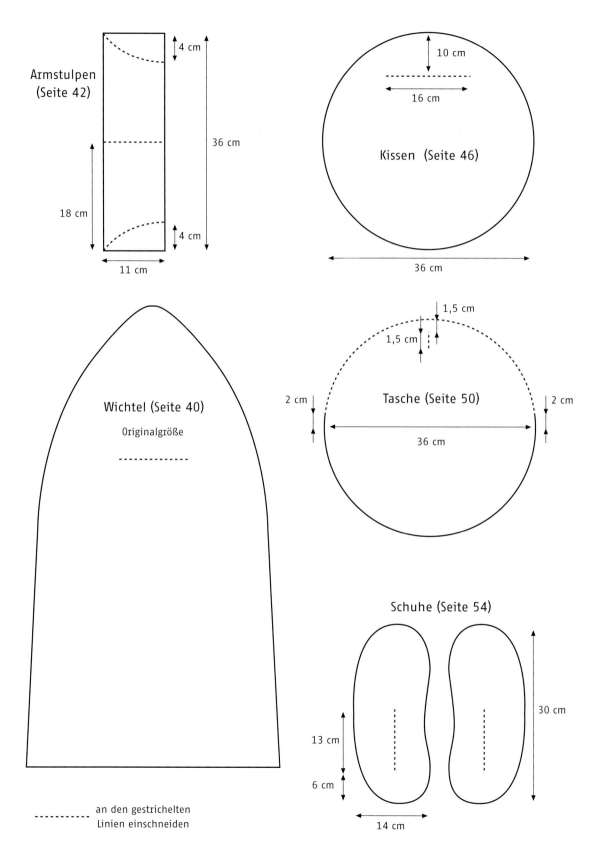

Schablonenvorlagen

Mütze mit vier Zacken (A) (Seite 52)

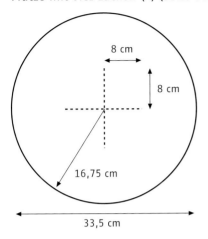

Mütze mit rundem Ausschnitt (B) (Seite 52)

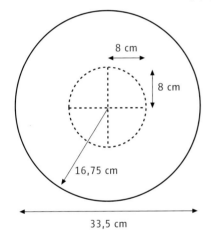

Mütze mit acht Zacken (C) (Seite 52)

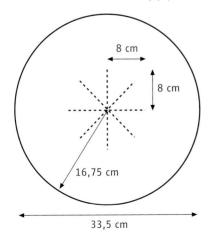

Eierwärmer
(Seite 36)

Originalgröße

- - - - - - - - an den gestrichelten
Linien einschneiden

Danksagung

Ich möchte Heidrun und Werner Meierhoff für ihre Inspiration und tatkräftige Mithilfe danken. Mein besonderer Dank gilt meinem Mann Reinhard Benhöfer für seine technische Hilfe und seine Geduld.

Bezugsquellen für Wolle

Traub Wolle
Schorndorfer Str. 18
73650 Winterbach
Tel. 0 71 81-7 09 10
Fax 0 71 81-70 91 11
www.traub-wolle.de

Wollprinzessin
Am Heyerhof 5
41352 Korschenbroich
Tel. 0 21 61-64 32 72
Wollprinzessin@web.de

die Wollfabrik
Lürriper Str. 373-375
41065 Mönchengladbach
Tel. 0 21 61-60 30 59
Fax 0 21 61-60 32 85
www.die-wollfabrik.com

Wollknoll
Sonja Fritz
Forsthausstr. 7
74420 Oberrot-Neuhausen
Tel. 0 79 77-91 02 93
Fax 0 79 77-91 04 88
www.wollknoll.de

Die Autorin bietet Filzkurse an und verkauft selbst gefertigte Filzobjekte; Informationen hierzu sowie ein Katalog der erhältlichen Produkte sind unter www.filz-kitchen.de zu finden.

Alle in diesem Buch veröffentlichten Abbildungen und Modelle sind urheberrechtlich geschützt und dürfen nur mit ausdrücklicher Genehmigung des Verlages und der Urheberin gewerblich genutzt werden.

Die im Buch veröffentlichten Ratschläge wurden von Verfasserin und Verlag sorgfältig erarbeitet und geprüft. Eine Garantie kann dennoch nicht übernommen werden, ebenso ist eine Haftung der Verfasserin bzw. des Verlages und seiner Beauftragten für Personen-, Sach- und Vermögensschäden ausgeschlossen.

Bibliografische Information Der Deutschen Bibliothek
Die Deutsche Bibliothek verzeichnet diese Publikation in der Deutschen Nationalbibliografie; detaillierte bibliografische Daten sind im Internet über http://dnb.ddb.de abrufbar.

Urania Verlag
in der Verlagsgruppe Dornier GmbH
Postfach 80 06 69, 70506 Stuttgart

www.urania-verlag.de
www.verlagsgruppe-dornier.de

© 2004 Urania Verlag, Stuttgart
in der Verlagsgruppe Dornier GmbH
Alle Rechte vorbehalten.
Umschlaggestaltung: Behrend & Buchholz, Hamburg
Fotos: Sabine Münch, Berlin
Modelle: Caroline Benhöfer-Buhr
Zeichnungen: Martin Schulze, Berlin
Lektorat: Berliner Buchwerkstatt, Ivana Jokl/Vera Olbricht
Printed in Germany
ISBN 3-332-01550-8
ISBN 978-3-332-01550-8